筆記人生整理術

米奇鰻

老派筆記超越手機的十大理由　5

17　# 外貌強做啥都先贏一半，筆記也是

人生跟上色一樣，越單純越厲害　29

39　# 初陣·理解、精煉、再現！

寫下來就能安心忘記！繪日記！　51

61　# 暫停！無關美感之鈴鈴實用篇

冗長會議和無聊課程什麼的最喜歡了　71

83　# 小小的就會可愛，就連邪惡也是喔！

神功初成之網路求擴散！　93

105　# 隱藏祕技：黑色 – 你的名字是帥氣！

假裝成功直到真的成功　119

附錄　130

133　# 後記

#老派筆記超越手機的十大理由

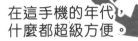
在這手機的年代，
什麼都超級方便。

我們應該是
最幸福的。

身在何處都能夠
馬上見面聊天。

通勤的零碎時間
也不會浪費。

娛樂更是超豐富，從遊戲
到短片不夠的只有時間。

誰還需要老派筆記？
手機備忘容量無限！

手機就是太方便了
所以很不便！

想記錄時常常
被別人打斷…

或是被自己打斷…

還有更多無關緊要的
情報隨時跳出來…

那檔案你能現在
傳給我嗎？

來玩個小遊戲
好了。

購物　　查地圖　　休息

工作　　打電動　　聊天

看漫畫　　自拍上傳　　看別人對自己
　　　　　　　　　　　按讚跟回應

在快速切換的過程中
一切都變得淡淡的……

我們需要更低科技的玩意兒。

去書店挑本喜歡的筆記吧，是十年後的自己也會喜歡的樣式。就算貴也咬牙買下去，這才配的起你的手稿。

就跟健身房一樣，有時越貴你才越不會偷懶，而且質感騙不了人的。

整理好桌面手機放旁邊，剛開始可能不知寫啥。

真的想不出來就偷看下一頁吧。

老派筆記的10大優點 ★★★★★

不會被彈出視窗干擾

換手機後不易消失

手腦整合強化記憶

便於陳列收藏

個人特色

不會沒電

上課或會議中理直氣壯

格式超自由

修身養性

創造自己的回憶‧無價

下回待續

＃外表強做啥都先贏一半，筆記也是

不知為何寫完標題我已淚流滿面…

同理可證，其逆也真…

沒錯，我也曾是先輸一半的人。

即便筆記精彩但賣相不佳，連自己都不想看！醜死了！

全部的字都黏在一起難以辨識，這是什麼鬼畫符！還有錯字！

畢竟學校沒有老師教過怎麼寫筆記，一切都是自己摸索…

幾年前的日記
珍貴度●●●●●
排版●
閱讀性●

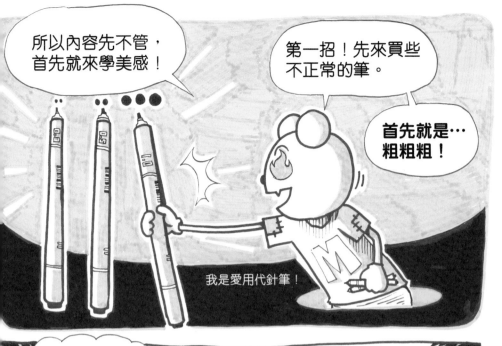

所以內容先不管，首先就來學美感！

第一招！先來買些不正常的筆。

首先就是…粗粗粗！

我是愛用代針筆！

別被寫字習慣的大小給限制，標題跟夢想一樣，大一點才帥！

自己都會害怕

0.8 粗到連自己都會害怕

0.3 粗到連自己都會害怕

遠看也輕鬆一目了然，大概知道內容…

有了粗細視覺上就能分出段落。

‧筆畫粗當主標題醒目

‧細字則當內文記錄詳細心得，兩隻筆搭配威力無窮，糟了還要寫什麼？這段只是要展示排版的配置，反正字小小的就是很有設計感啦

‧也能用來強調重點

‧有了規律之後只要照就是整齊的筆記

這道理並不難，但寫字時很容易忘記。

折以標題和內文要有粗細變化。

字體要端正別寫草書…

可是好像還少了什麼…

要是使出那個的話，能更吸睛…

那就是…

畫圖！

加上簡單圖案還能讓畫面更活潑！也可以少寫一些字！

一格就教會插圖是不可能的所以乾脆跳過！

謎樣生物

接下來就是掌握要點全能筆記改造王對照時間！

無水料理—— 咖哩鍋

用蔬菜本身的水份和甜味.不用加水味道分隱更濃郁!

※ 材料: 洋蔥×1、紅蘿蔔×1、馬鈴薯×1(切塊)、市售咖哩塊(適量)
　　　　豬梅花肉片(牛肉or羊肉也可以)、奶油、花椰菜(適量)

※ 步驟: 1. 將食材處理切丁備料

　　　　2. 熱鍋放入奶油、先翻炒洋蔥丁(中火)

　　　　3. 炒出香氣後轉小火.放入紅蘿蔔、馬鈴薯等蔬菜
　　　　　　★底層要放容易出水的蔬菜也比較不會黏鍋或燒焦

　　　　4. 放上肉片和市售咖哩塊蓋上鍋蓋悶煮約20~30分鐘

　　　　5. 若要加花椰菜,建議起鍋前3分鐘再加入.悶煮太久
　　　　　　易變色不好看、口感也會過軟 (類似的葉菜也如此處理)

其實比想像中容易成功、白菜也是很不錯的出水選擇又便宜.
金針菇也是!我個人還會加些甜不辣增加食感.也是經濟的
蛋白質來源.可以少用點肉.維持多種變化的口味.想減少
烹煮時間紅蘿蔔和馬鈴薯可以先微波。

好吃又濃郁！大成功!!!

濃縮 奇鰻流無水咖哩

用蔬菜的水分和甜味,不加水卻更濃郁!

① 蔬菜切丁備料
② 熱鍋奶油炒洋蔥、
③ 轉小火放入馬鈴薯&紅蘿蔔
④ 加豬肉片&咖哩塊悶煮20~30分鐘

豬肉片
④
咖哩塊
放蘿蔔
③
馬鈴薯

洋蔥
② 先用奶油炒洋蔥

奶油
① 蔬菜切丁備料↓

咖哩增味三神器↓↓↓

? ? ?

白菜也是很好的出水選擇!金針菇也是,還能提供不同口感!甜不辣則是經濟的蛋白質來源、能減少用肉量又維持多種口味!可用微波爐先加熱蘿蔔&馬鈴薯減少料理時間

❶ 若要加花椰菜,最後3分鐘再加入顏色&口感才會最佳!!

好吃濃郁大成功!!

AFTER

留白

可不是偷懶喔。

適當的距離能影響
閱讀的節奏。

字距、行距，上下的天地都是眉角，留的太少
會讓人壓迫和窘迫感，就像作人一樣，不是只
追求CP值時，才會有餘裕注意到這些細節。

其實圖文的筆記和一般的
筆記所花的時間差不多…
就是下筆前要先想想！

圖文排版並重

純文字

花一樣時間卻能記下
更棒的重點，能帶來
很大的成就感。

在無法逃脫的會議和
課程中，更是能理直
氣壯作的事！

就跟練腹肌一樣要
持續鍛鍊啦！筆記
力也是在你身上…

那麼下次就來談談
配色喔，大家掰！

人生跟上色一樣

越單純越厲害

通常一般人上色是這樣的，先畫上黑色線條…

再在不同的方塊中塗不同顏色。

如此就完成了…相當小學生的作品XD

在限制中找到突破的方法…

雙色能搭配出幾種變化呢？

答案是…

很多種!!
SO MANY CONBINATIONSSS!

我們的大腦很喜歡醒目清爽的反差,也是所謂設計的一種技巧!

小訣竅是把白色也當成一種可運用的顏色!

看別人畫都很簡單，你也來練習看看吧！意外的療癒喔！

用疊色後會變深的筆，像是紅藍或黃紫配，先淺後深避免筆的染色。

練習時間 PRACTICE TIME

大學的設計基礎都有類似的課，枯燥但重要啊！

....
....

我想你大概會直接翻下頁，就當被騙畫一下嘛…

OH NO!

跟減肥要少吃多動一樣，知易行難…但做了才會進步！

學生時一定看過這種筆記，顏色超多希望每個都是重點！

BEFORE

大腦喜歡對比和規律的圖像
- 單一顏色看久顯得枯燥
- 過多顏色則干擾易浮躁
- 用疊色創造出新的顏色
- 筆記不美降低再閱讀性
- 聽來簡單做時卻易忘記!!

但只是滿足買很多筆的願望，眼花撩亂，寫起來也花時間。

AFTER

大腦喜歡對比和規律

 單一顏色易枯燥
 過多顏色則干擾
 筆記美↑再讀性↑
 知易行難~~ NO

 疊色 創造新顏色

➡可以自己調整內容圖像化某些內容

不如雙色清爽，簡單小圖案也是重點，把情報用顏色做出分類！

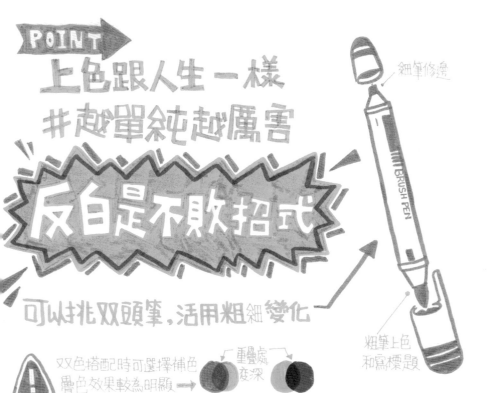

POINT ➤

上色跟人生一樣
#越單純越厲害

反白是不敗招式

可以挑双頭筆,活用粗細變化

⚠ 双色搭配時可選擇補色
疊色效果較為明顯 ➝ 重疊處變深

即使同一種顏色也能有不同花紋的變化!! LESS IS MORE

細筆修邊

BRUSH PEN

粗筆上色
和寫標題

YELLOW
BLUE
PLUS!!

記得先從淺色
開始,画面比較
不會染色弄髒!

可以加上一些心得,
像我覺得白色留著
很好看!

也能有時用英文,
筆劃較少更容易
有設計感!

SEE YOU ♥
NEXT TIME

＃初陣 FIRST MISSION

理解、精煉、再現 🧳

加上了插圖是否比起電腦剪貼
資訊更想讀完！

✈ TOKYO 5DAYS 東京

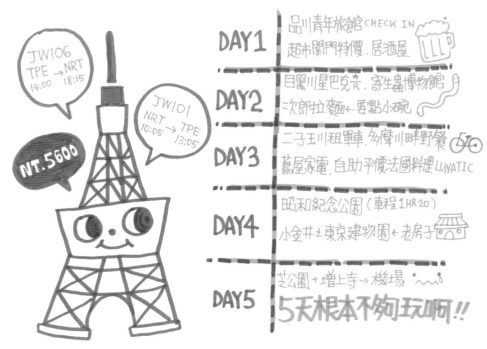

JW106
TPE → NRT
14:00 18:15

JW101
NRT → TPE
10:05 13:05

NT.5600

DAY1
品川青年旅館 CHECK IN
超市關門特價．居酒屋

DAY2
目黑川星巴克克．寄生蟲博物館
次郎拉麵 ← 要點小碗

DAY3
二子玉川租單車．多摩川畔野餐
蔦屋家電．自助平價法國料理 LUNATIC

DAY4
昭和紀念公園（車程 1HR 20）
小金井 ± 東京建物園 ← 老房子

DAY5
芝公園 + 增上寺 → 機場
5天根本不夠玩啊！！

★ SUICA可以先下載到手機儲值就不用買實體卡片（省500円押金）
★ 秘密嚴守！不可走漏風聲堅決不幫朋友代購
★★★ 最期待多摩川旁騎奇單車 hellocycling 電動單車 60円/15分．1000円/天

· 這些景點真的存在，也是我私心推薦
  歡迎大家取用，在日本騎腳踏車超級
  舒服的喔，汽車都很禮讓單車騎士
· 其他較瑣碎的情報可以另外寫一頁，
  完成後拍在手機裡使用更方便。

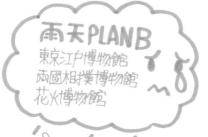

雨天PLANB
東京江戶博物館
兩國相撲博物館
花火博物館

**這就是手感的奇妙魅力，
我也不知道為什麼！**

說也奇怪，就跟貓咪無法抗拒雷射筆一樣。

我們對於手感就是有說不出的迷戀。

從筆跡〇潦草程度都能透露出作者的個性甚至情緒。

字越來越歪越潦草…

以前上課筆記，是邊打瞌睡邊寫的嗎？

日本的居酒屋幾乎都是手寫菜單，能夠給客人更舒服的感覺！

這道感覺很好吃！

完成後別吝惜跟
朋友分享！

哇！好像很棒！
你好會畫喔！

不要小看這些
稱讚的力量…

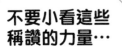

進步就是這樣
累積而成的！

旅行完的回想筆記
也是重溫好物，甚
至比照片更深刻！

也能貼上票券等紀念
品，以後翻到會有重
溫情緒的幸福感喔！

#繪日記
寫下來就能安心忘記！

十月八日　星期一→二　晴！

今天發生了天大的笑話。我的弟弟今天第一節課，我的弟弟忽然舉手大叫：「老師！我要大便。」結果到了廁所，忍不住拉下去。他只沾到一點點褲子，沒有想到他竟然把褲子脫下來洗（內褲也有），還光著屁股去找老師要衛生紙，老師叫他回家，他還穿著濕褲子回家。唉！我真不想當他哥哥，不過話說回來我也曾有過，這件事就不提了。明日見

END →

←二年級還這麼笨

HELLO

我是臭大便

樹小

高三的某一天

天氣太熱，開電扇也沒用，根本看不下書，雖然下週就要模擬考了，
大家把靠操場那面窗戶全拆下來通風，是沒多涼快可是景色超好
長畫面好像電影，看著台北的城市遠景，雖然生活壓力超大
每天都留下來晚自息K書很煩，但這麼平凡的一天過很多年
一定會願意花上各種代價，只求回來體驗這平凡的下午
真想把今天存起來、反正跟昨天跟明天都差不多、都是複習
等等先去後門找蛋餅伯好了，今天奢侈點來個兩餅一蛋好了！

STEP I

首先可以先預留畫圖的空間，這樣字也不用寫太多，可以先設定些版型，就能全力集中在日記的內容囉～↓

BIG TITLE

標題

TITLE☆

STEP II

先想出今日重點，把標題訂出來。

生日禮物願望清單
WISH LIST ♥

工作日誌
WORK LOG

LOVE STORY

假期規畫
HOLIDAY PLAN

流水帳？
DAILY ROUTINE

FORECAST FUTURE
明年此時預測

心情故事

早餐？
BREAKFAST

牢騷
COMPLAIN

真的沒梗時可以回憶過去或計畫未來，挑戰不同題目

歷年手機
型號記錄

標題有了先寫內容，有了內文最後畫上簡單插圖 STEP III

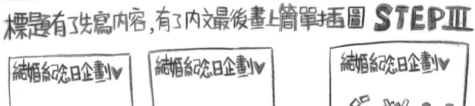

結婚紀念日企劃♥

結婚紀念日企劃♥

結婚紀念日企劃♥

DONE!

小卡片　超市購物　晚餐

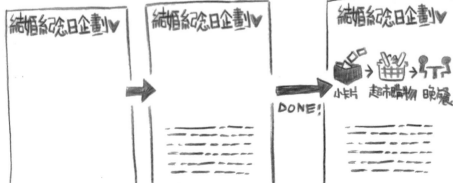

結婚紀念日企劃

省錢版! SUPER VALUE $

前置作業 〔0元!〕
錢包藏倒數小卡片

超市買好食材+酒
不給餐廳賺〔DIY〕

燭光晚餐 + 音樂
Happy Wedding
Anniversary

不想花大錢慶祝但逃避只會...

拖到底【被生氣】　　臨時吃大餐【花錢心痛】

一樣的預算拿去超市絕對能買到更好的食材,但要是當天才說感覺很沒誠意,
所以提早計劃,從5天前就開始在她的錢包偷放倒數小卡片製造小驚喜,
前一天去了量販店買了氣泡甜白酒,再去買了大蝦準備烤箱出好菜★
主菜則是牛排,調理都算簡單,還有浪漫的蠟燭和音樂,最後
吃完飯的甜點是厲害冰淇淋! 今年我真的是卯足全力喔喔喔!!

現在我們太習慣用拍照，存進網路卻沒存進腦袋，文字和筆跡反而更能留下當時的情緒和氣味，和從前的自己內心交流，使用得宜還能讓情感上增幅數倍喔！

1X 事前的想像規劃

2X 當下發生的快樂

3X 寫下時的回味

這次結婚紀念日家中晚餐真是大成功♥

← 寫字腦習慣引起來的怪癖

妳看，日記裡就是當年我對妳的愛，到現在也一樣依然沒變喔♥

4X

日後回味的甜美！！
回憶還能越陳越香

趕緊拿起筆寫下⋯⋯替未來的時空旅行⋯⋯些永恆的瞬間切片⋯

啾～

其實當初只是不想花大錢上
餐廳慶祝才在日記上策畫
這一切的...罷了,超值得!!

暫停！無關美感之鈴鈴實用篇

⚡📱電話攻擊⚡

優點	缺點
能從語氣推斷對方的個性與情緒	沒有留下文字紀錄
較具彈性，能直接討論到有結論為止	講完不馬上整理重點會忘記
	沒資料的話只能用想像易有誤差
	打斷工作時間

現在方便講話嗎？

都打來了我能講不方便嗎？

嗯，請說…

而且性急的長者比較愛用電話…(個人偏見)
在心理沒準備又是很短的時間內做決定很容易被凹，畢竟對方可能已經準備充足！

這時有句咒語能爭取時間…

我拿一下筆記本。

給自己幾秒的緩衝，也讓對方暫停一下。

改編小說【小封神】→12P漫畫

談雨了

・奇葩少年雜誌邀稿
・從小仙女那邊介紹找到我

原本24回.台語小說~酷!
日治時代發表

把有用的情報整理起來！ 單純不用考慮畫圖，這時就

X NO

| 1 | 2 | 3 | 4 | 5 | 6 | 7 | 8 | 9 | 10 | 11 | 12 |

~ 6個跨頁

不要單頁開始,美編要多塞一頁

? 截稿時間?預算?尺寸?交稿的檔案?讀者是?

人物設定→分鏡 OK→完稿(彩色) 截稿3週後

下週給(週二)

一天4PMAX!!

・提供ID CARD影本.領據.下月中撥款

快中午了肚子餓找等下吃
1雞排飯 2自助餐

【雷震子】 置鏡 毛→ 小玄天上帝

想起來了!這編輯有見過!之前講座時有交換過名片,可是想不起來
KIWI
0928687602

結束之後再把剛剛的筆記拍照寄給他，就不用再花時間整理。

有文字往來也能夠保護自己，避免空口無憑。

糟了!忘記把右下角塗鴉遮住了!

記得送出前要檢查啊

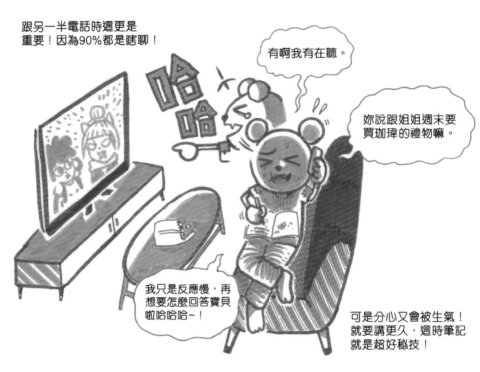

#冗長會議&無聊課程
什麼的最喜歡了！

許多偉大作品都是在獄中完成的…因為肉體被禁錮,只有思想能自由奔馳。

從小到大我也有許多身不由己被囚禁的時候…

就像是…

無聊的課程

第32頁。

也就是說…

第二段全部都是重點。

老師根本只是照著課本念。

再聽下去我要睡著了…

冗長的會議

都是些沒意義的對話,幹嘛不把時間留給我做工作!

當然可以放空，
可是太浪費了，
這時我會…

開啟筆記時間—
硬抓出重點！

化防禦為攻擊，主動
撈出有營養的內容！

值得記下的部分
還真不多…

這個勉強
可以…

並且整理成容易
看懂的條列式。

越不會講課的老師，反而
越讓我想挑戰看看！

一樣的道理，其實再棒的演講也只有30%的濃度，總是會夾雜著笑話與停頓的節奏。

名人分享
1.5 HOURS

因為知識太密集，聽眾是吸收不了的…

繞過笑話和演講技巧，找到我喜歡的部分！

在時限裡抓到重點超過癮，耳聽手寫的急速運轉！

我這人比較叛逆，當其他人都
笑得很開心時，我反而想抽離
保持冷靜，和講者鬥智！

不想被現場氣氛拉著走，
這時候寫筆記，就是保持
持續思考的好方法！

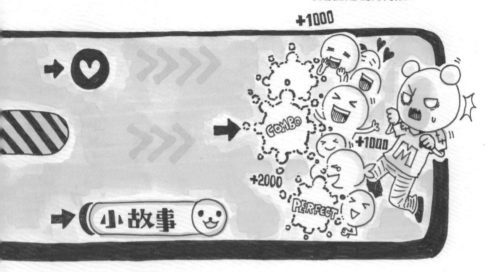

用筆記把內容長話短說的精煉，
無形之中把聽過就忘的過癮、變
成自己的話語刻在紙上！

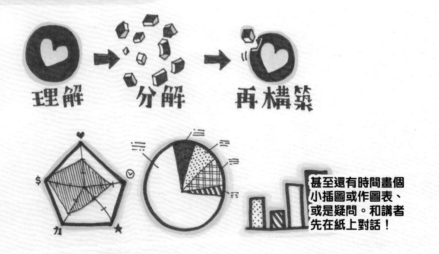

理解　分解　再構築

甚至還有時間畫個
小插圖或作圖表、
或是疑問。和講者
先在紙上對話！

直到現在，我都會在講座開始前，
準備跟講師的鬥智遊戲！

有時收穫更大的反而是過程中
自己突然冒出的想法！

我會趁開始前，先
寫個美美的標題！

來吧！冗長會議和無聊
課程什麼的最喜歡了。

雙色就夠了，
簡單最美！

粗筆和細筆
交替使用…

再來個裝飾圖案
跟感想區。

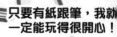

只要有紙跟筆，我就
一定能玩得很開心！

＃ 小小的就會可愛，就連邪惡也是喔！

✮★✮★✮★✮★✮★✮★✮★✮★✮★✮★✮★✮

今天要聊的是縮小，算是之前提過技巧「留白」的邪道
變化...奇妙的是任何東西只要小小的都很可愛，就連邪惡
也是！像是小嬰兒因爭寵而把對方推開，我們看到也
只會一笑置之不是嗎？任何圖縮小後都異常的可愛呢♥

✮★✮★✮★✮★✮★✮★✮★✮★✮★✮★✮★✮

我的解釋是畫小圖時,等於是用很粗的筆勾邊的技巧,
比例也不會跑得太離譜,很小的正圓大家都畫得出來,
高手和初學者畫起來只怕也差不多,畫臉時五官都很近
就很難跑到錯的位置,這也是臉小容易好看的原因吧。

(淚)

畫小圖都很可愛。

放大之後就壞掉了
真是奇妙啊˙˙

而小字也無法草寫亂撇，得規規矩矩才能辨識。能寫得字變少也是種留白，看起來就會很有智慧，這就是少說少錯的高級應用！剛好在這網路時代大家早已失去看長文的耐心，極短內容正是潮流。

小小的圖也能夠很快畫完,這也就使某個技巧
容易使出,那就是反覆出現!!任何東西只要能
成套出現,給人的感覺就完全異級連火鍋
料都知道要擺在-起賣,團結力量大啊!

裡面有大個叫聲怪怪的,有
發現嗎?其實很多都怪怪的,
可是放在一起也別有一番味道。

剛剛算是我的示範啦，有點炫技的成份在 :)但和其他需要
長年練習的技法相比，畫小圖真的只要有耐心就能容易有
不錯的效果，而且過程也很療癒，如果心累的時候可以
放空自己，化身成小圖量產機器人，完成的成就感超大的！
記得小圖只要成組出現，可愛的攻擊力可是好幾倍喔♥

START

會畫的時候促想起小時候曾經瘋狂練習過寫字轉彎讀書邊讀邊寫的怪招，用手寫轉轉轉，往下想著寫日記能寫出好幾張，滿滿的成就感！這時真是自己覺得能身邊的人厲害了呢！沒有那麼多重要的事，⋯就算是同樣的事情轉來轉去畫成螺旋狀，也是很好玩，都不用花什麼錢，只要有紙筆⋯這樣能給身邊工作繁忙的人小小的變化應用，這種得速轉彎的效果♥搭配些小創意和小圖示，只要投入一些時間就能玩得很開心，不如把下來就用轉轉轉手繪的好，但更重要的是和自己玩得開心喔！

小小的就會
很可愛篇·END

＃神功初成之網路求擴散 ⤴

那透過筆記如何？把對生活的體驗記下，用獨特的觀察和感動，可以是個購物開箱文....

今年最喜歡的新玩具♥♥♥

SOUNDBAR

NO.1

家庭劇院音響

去朋友家玩時聽到放音樂的音質後驚為天人!!
回家後馬上上網做功課，收到之後超滿意，後悔怎沒更早知道有這種好東西，再也回不去原本單薄的喇叭ヘ

節目上的人聲說話並沒太大差別，只覺他們丹田比較有力而低沉

難道我白花錢了嗎？

放音樂時的清透完全不同連廣告配樂都氣勢磅礡!

我真想跟這些音樂人道歉，原來超好聽。

BOOM!

電影裡的爆炸超過癮!男人都該買這才對啊啊啊!!!!!

一個字-爽!!

明年想入手的
新玩具♥♥♥

磁鐵 偷拍攝影機 REC

↓5cm↑

【使用方法】

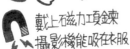

載上磁力項鍊
攝影機能吸在衣服

也能用配件吸在
帽子上拍攝

REC 能空出双手活動
角度特別第一人稱

★ 之前就想發明類似的相機,定時自動攝影,帶著旅行
用人工智慧自動配樂剪片,能得到驚喜的意外記錄,很小
也不會給人壓力,在自然的狀態下更能拍到好鏡頭!

可惜畫質不夠好
夜拍更是悲劇…

希望過幾年技術更成熟時
能改善缺點,我一定買單!

慾望退散

頓時火都滅
了,阿彌陀佛

放些慾望清單也不錯,有時
整理完火就滅了,省了開銷

也能用來計畫特別的日子，創造些驚喜和情趣，花心思總比花大錢好玩！

才不想被餐廳大餐賺走錢…

一樣的預算拿去超市買食材多開心！可是直接講又很沒情趣，得想個方法！

★紀念日想有些新意又不想花大錢，乾脆自製抽獎箱，放入許多只需要心意的小獎可以抽三次增加刺激度，比起直接送禮物和卡片多了些趣味（說不定還沒抽中禮物免送）

1 按摩券
2 公主抱 1MIN
3 洗碗券 ×3
4 情書 ✉
5 新鞋券

↑只有這要花錢，希望別抽到（摳）

這個方法和大家分享，把日子當成綜藝節目來玩吧！用紙筆往往能有不同的點子。

水餃趴踢

太太突然發神經心血來潮想和朋友從皮開始自製的水餃烹飪大會！

擀麵棍！

絞肉♥

……

我還是買個熟食先墊胃…煮好我應該也餓死了。

為什麼大家都好會包？ WHY？WHY！！

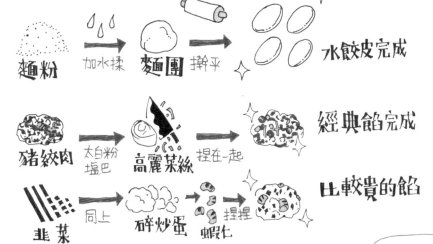

麵粉 → 加水揉 → 麵團 → 擀平 → 水餃皮完成

豬絞肉 → 太白粉 鹽巴 → 高麗菜絲 → 捏在一起 → 經典餡完成

韭菜 → 同上 → 碎炒蛋 → 蝦仁 捏捏 → 比較貴的餡

大家分工合作比想像中更有趣，味道也真的不是冷凍水餃能比的上，一邊包餃子一邊聊天比上餐廳能講到更多話，超級大成功耶！

這麼好吃可能是因為我沒幫到忙，只負責洗碗這種低階作業！

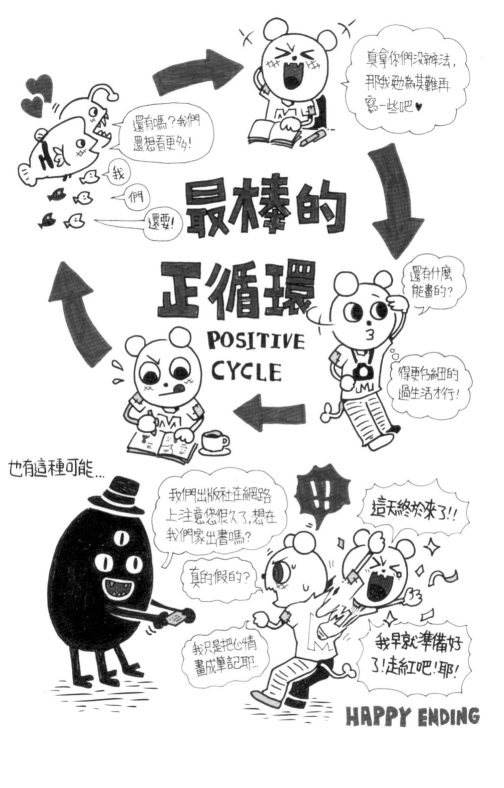

#隱藏祕技！黑色你的名字是帥氣！

「當你用彩色拍攝
　人物時，你會拍攝
　到他們的衣服。」

「當你拍攝黑白人物時，
　你會拍攝他們的靈魂。」

這完全只是耍帥的話，
我一直很想講就是了哈
哈哈!!

大腦超喜歡俐落
的黑白分明。

即便縮小辨識度也高，
這也是LOGO常用的極簡
設計手法。

只有線條會輕飄飄的，如果加上
黑色就也能讓圖更有重量！

沒配色的煩惱，又簡單好學，可說
是當之無愧的密技！

老話一句，實戰
是最好的老師！

把這圖照自己的想法塗上
黑色再翻頁喔！小提示是
色塊盡量不要相鄰。

 畫完再翻頁真的好玩度
會加倍喔，記得別用墨
會透過去的油性筆。

【Before】

只有線稿時沒有對比，遠遠看都糊在一起，畫的再美也是少了一味設計感。

【After】

上黑色塊後重點馬上就出來，小訣竅是黑色約佔畫面一半，就會是很不錯的基本型！

【花紋】

變化型是加上花紋，一樣
只有黑色卻能千變萬化，
但搭配就需要sense！

【灰階】

兵不厭詐偷加剛沒提的灰色，
把後面都塗灰，能讓主體跳出
來之老梗卻簡單有效！

意外的還算療癒...

也頗有成就感的...

原來我也能畫嘛！
還能怎麼變化嗎？

那麼進階變化題！那萬一是下圖夜裡黑衣人騎著黑牛該怎麼上色呢？

看似簡單的構圖卻充滿陷阱？

棘手！自己構圖線沒漂亮接起來時要怎麼塗黑？

棘手！黑色和黑色相鄰都塗黑就黏在一起了！

其實江湖一點訣，說破不值錢…就是留白邊！

線條沒接好我會自己先畫好輔助線。打叉就是預定塗黑的部分。

接著又是歡樂的放空塗白時間～沿著邊界塗黑準備欣賞成果。

這塗色的動作雖然看似費時，但其實一但習慣並投入，
就會進入半自動模式的 "ZONE"，甚至廢寢忘食也不為過。

而且看到畫完的進步成果，和無聊滑完手機的空虛可說是完全相反。

接著介紹本篇使用的愛筆們—線稿主要是粗細不同代針筆，
陰影則是灰色麥克筆。不想花錢就找看看鉛筆，其實效果
也是相當不錯！

【代針筆】
優：乾淨俐落各種粗細　　　劣：使用壽命不長

【墨筆】
優：粗細變化自由‧飛白墨痕　　　劣：新手較難上手

【鉛筆】
優：易取得+特殊質感　　　劣：手抹易髒

【雙頭COPIC麥克筆】
優：疊色方便+各種深淺+可加補充液　　　劣：美術社才有賣入手不便

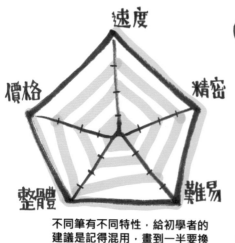

買筆是我的興趣，
算不貴的小收藏？

不同筆有不同特性，給初學者的
建議是記得混用，畫到一半要換
筆較不直覺，但成果保證驚豔！

講完技巧道具來講內容，其實睡前半小時比起滑手機更適合回顧一天，有什麼趣事或感想值得記下？沒記下的就會逐漸消失，使用灰階免考慮配色，再逼自己配一個小小的圖。

沒抓住記下的回憶片段醒來就會完全消失不見喔！

剛剛和媽媽電話，內容好勁爆...

就像雕塑，把今天最想記住的瞬間捏出來。

抓!!

抓!!

TODAY

國小阿呆摔斷手　　　　失戀超悲齣酒記　　　　當兵蠢事回憶錄

這些記憶的瞬間都會是未來珍貴的回憶，老派如我還是喜歡紙本選擇手寫，不用在意別人眼光可以對自己誠實，又能把正本留在身旁，再挑願意和朋友分享的部分放上網，接著心滿意足的睡覺爽快忘記沒打算記住的部分。

感情是互相的，願意分享也是讓朋友有機會互動的契機，我自己是很願意和人分享我的個人小新聞和感想，不會太在意形象。比起轉貼笑話我也更想看到朋友的真正動態和小故事，所以我從自己做起，也是對每天生活的紀錄。

!支持正版!馬上購買!
在宅応援
ストレス発散
10 昭和
セール
SALE

· 今天看到日本網站推出武漢肺炎特賣會,正版愛情動作片只要10円(台幣3元?)二話不說馬上支持正版,雖說如今上網到處都能找到片源但畫質經網路壓縮慘不忍睹。那髮妝那打燈那佈景那演出完全不同!但~一片竟有8.2G?!想不到撐不住的不是我的錢包而是我的電腦

(水)WED 最近的嗜好♥

晒乾!!

· 天氣越來越熱,午後西晒的烈日會從陽台射進來。我靈機一動把果皮菜渣等放在陽光下,等到日落就能看見縮得乾乾的殘骸超有成就感,同場加映把泡澡水用保特瓶裝起來沖馬桶,省下多少水不是重點,而是那一種物盡其用的滿足感讓我心境祥和♥

第328次減肥開始!!

· 接受採訪難得抓頭髮打扮得人模人樣把照片傳回家族群組爸卻只回「胖了?」除了怨父親說話不得體也只好再開減肥大業! ▶YOUTUBE就有做不完的健身影片,對我而言去健身房花大錢也許買得是破釜沉舟的決心。

10月30日 FRI 金

- 剛和媽媽電話聊她童年回憶想說來幫她整理人生大事年表。說6歲時幫房東揹小孩，但沒力氣一起大摔一跤。

- 15歲拿姐姐身份証假裝成年去應徵精密電子，做了三年後資料電腦化才被發現姐姐已在另一家公司上班？但這時已成年就換回本名繼續工作，真是奇妙的年代。

- 大概10歲時爸爸搬到隔壁成了隣居但真的在一起則是18歲時，有點浪漫。

跟風FB－十大工作經驗

TEACHER!

- 最近流行曾做過的打工，讓朋友猜哪個是假的。感覺有趣特地手抄留存
  - ★甲骨文數位化　　　★英文報紙漫畫連載
  - ★埋伏偷渡大陸妹　　★貴族國小課輔班
  - ★擺地攤吃罰單　　　★四個孩子的保母
  - ★街頭藝人賣藝　　　★獎學金出國念書
  - ★畫候選人政見白皮書★代吃菇菇集點抽獎
- 我把定義擴大成收過錢的，答案全都是真的台

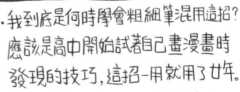

粗＋細

高中？

WHEN

- 我到底是何時學會粗細筆混用這招？應該是高中開始試著自己畫漫畫時發現的技巧，這招一用就用了廿年。

- 現在重看以前日記都覺得畫得好醜簡直像大便。但還好當時有開始才有現在。希望以後的我看這篇也覺得醜

這頁也只用灰色背景+色塊塗黑+粗細混用，這些基本招就能讓圖加分躍進，超級推薦！

我的黑色小本本 詞：米奇鰻曲：米奇鰻

人真的很奇妙

忘記朋友沒修圖的眉眼，
只在網路上按愛心跟留言。

人真的很奇妙

忘記手機本來的用途，
不是拿來滑是拿來講電話。

最近給自己的挑戰是打電話給老朋友
聊聊天，講講舊的也說說新的，再順手
把這些情報記下，沒時間就別配色了，
反正回憶本來就是黑白居多。

見面當然更好

但特地見一面要排時間要約地點，
還得把肚子藏進衣服裡用想的都累。

不如在房間找個舒服的角落，
反正啤酒都一樣何必換個杯子貴三倍？

原來你除了到處美食拍照打卡歡笑，
真實生活也是有牢騷嘆氣困擾，

知道你也過得不好我就安心多了，
這個夜晚比亂滑手機充實太多，
想記住跟想忘記的我都寫在本本裡
多年後再翻出來笑笑相見。

FINAL ROUND

假裝成功直到真的成功!!

FAKE IT TILL YOU MAKE IT〜

曾聽說過...意志力就跟肌肉一樣，能鍛鍊變得更強！

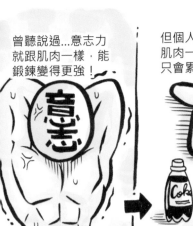

但個人意志力就跟肌肉一樣，用太多只會累垮。

所以需要的是一個難以逃避的機制 譬如說...

我是面子君啦，不用謝我，我幫你上網找到一起玩的朋友了！

而且是可愛女生，約定每週畫一張，你可別丟我面子喔！

這就是為何人們愛花錢上健身房的原因之一，讓自己沒有退路！(痛哭)

讓筆記不只是自己的事，要給別人看當然更用心。每次練習都會進步喔！

拍照上傳也多了份期待，同樣的題目，對方會畫出怎樣的風格跟作品呢？

這次題目是北海道旅行，做好功課就能開始搶機票了...

札幌

- 二条市場 or 場外市場
- 北海道大學校園 & 食堂 inzt
- 北菓樓 + 舊道廳
- モエレ 摸耶累沼公園〈垃圾場改建 有厲害雕塑〉
- 札幌啤酒博物館 FREE!

雨天備案

- 円山動物園 ← 小熊貓似乎有名
- 札幌市資料館 ← 應該有很多無用豆知識

移動方式

BICYELEV 1 DAY PASS

¥1300/人

電動省力　不限次數　靠左行駛

海鮮丼 → 自行車 → 湯咖哩 → 自行車 → 下午茶甜點 → 羊肉

使用技巧：標題反白 粗細筆混用 黑色小圖示 對話框

北海道
HOKKAIDO

【GLOVE】

【SUITCASE】

【GLASSES】

AIR

【ONE-PIECE】

【UMBRELLA】

【SCARF】

【CAMERA】

【SELFIE STICK】

【HAT】

DIARY

【SUCKS】

【DOLL】

【BAG】

【SHOES】

使用技巧：小小插圖 花紋 上色留白框

設計＝留白

想要有設計感最簡單的方法就是極簡大量留白，讓人一目了然不用多想
刪去不必要部份只留重點，以下由實例比較有圖有真相，清爽為上！

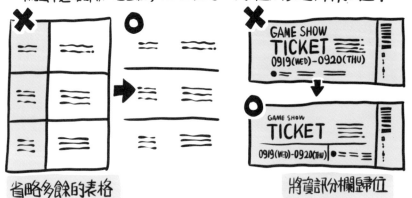

省略多餘的表格　　　　　　　　　將資訊分欄歸位

讓主體完整+單純　　　　　　　　更直覺的表示

使用技巧：粗細筆混用 花紋 版面留白 成組出現

大人的女子力

 常寫小卡片
*用間接的文字傳情更美

 注意季節小物
*從裝飾改變空間氛圍

小點心伴手禮
*送吃的失敗率最低

 不可用很忙拒絕工作,要提出備案
*讓對方接受到妳的誠意也為自己留好形象

 稱讚對方身上小物開啟話題
*好話是最好的開始,若對方願意講就能拉近彼此的距離

 準備代表自己小插圖,不行就用印章代替
*建立自己的小分身,可愛之餘也是建立品牌,小雞小貓從綽號或髮型開始吧

 在便條紙MEMO中使用對話框【可愛】
*讓尋常的訊息傳遞像漫畫一樣有趣,搭配上一則簽名小插圖

使用技巧:小小插圖 成組出現 粗細筆混用 上色留白框

開始筆記才是真的筆記，
假裝成功直到真的成功，
就先從下兩頁開始吧！

附錄：照著寫就好的版型練習 想不到主題就畫讀後心得

TITLE

附錄：照著寫就好的版型練習 記得先寫標題內文，再望文生圖喔

感謝你讀完這書，但如果你有完成前面兩頁附錄我會更開心！不知是否有感受到我對於推廣手寫筆記近乎傳教般的瘋狂呢？

每次外出開會我總會帶著我的靈感筆記本，而一起開會的朋友看到開會完我馬上做好的筆記總是會浮誇的說：

「這都能直接出版了」

「我也好想像你一樣把筆記整理的乾乾淨淨還有插圖」

好，不知這是客套話的我就把心得整理出來，其實雙色筆記真的沒有像像中困難，也因為有了插圖更活潑，字也沒空間寫這麼多得要更精煉，能讓人不知不覺讀完，也許這才是最大的優點！

希望能和更多朋友分享我的筆記整理術，也能搜尋「雙色筆記」+「米奇鰻」就能找到更多影片和課程情報．另外記得使出便條紙情感增溫式，最後就祝大家時空旅行成功，我也要去為未來的我留下現在的繪日記時空切片了，掰掰！(下沉)

迷漫畫 002

筆記人生整理術

作者｜米奇鰻

排版設計｜Akira Chou

發行人暨總編輯｜廖之韻

創意總監｜劉定綱

初版｜2020 年 06 月 28 日

ISBN｜978-986-99158-3-0

定價｜新台幣 280 元

法律顧問｜林傳哲律師 / 昱昌律師事務所

出版｜奇異果文創事業有限公司
地址｜台北市大安區羅斯福路三段 193 號 7 樓
電話｜（02）23684068
傳真｜（02）23685303
網址｜www.facebook.com/kiwifruitstudio
電子信箱｜yun2305@ms61.hinet.net

總經銷｜紅螞蟻圖書有限公司
地址｜台北市內湖區舊宗路二段 121 巷 19 號
電話｜（02）27953656
傳真｜（02）27954100
網址｜http://www.e-redant.com

印刷｜永光彩色印刷股份有限公司
地址｜新北市中和區建三路 9 號
電話｜（02）22237072

本書獲
文化部原創漫畫內容開發
與跨業發展及行銷補助